READING JESUS LIGHT

5

리딩지저스 성경통독 라이트
5권 마태복음-로마서

2025년 10월 21일 초판 1쇄 발행

펴낸곳 웨스트민스터프레스코리아
펴낸이 줄리어스 김
지은이 웨스트민스터프레스코리아 편집부

웨스트민스터프레스코리아
주소 서울시 강남구 테헤란로 33길 18, 628호
전화 02-2289-9081
이메일 readingjesus@wts.edu

ISBN 979-11-92860-14-5(04230)

READING JESUS

리딩지저스 성경통독 라이트

그리스도 중심 성경읽기

5

마태복음-로마서

LIGHT

WPK

서문

'성경을 처음부터 끝까지 읽는 것', 많은 그리스도인이 마음속에 품고 있는 소망이자 과제입니다. 많은 교회에서 새해가 시작될 때마다 성경읽기표를 나누고 "올해는 성경을 일독합시다"라는 목표를 세우지만 실제 완독률은 그리 높지 않습니다. 성경 통독은 단순한 결심이나 습관으로는 지속하기 어려운 여정이기 때문입니다. 바쁜 일상, 이해하기 어려운 본문, 흐름을 따라가기 힘든 구조 등 여러 이유로 성경 통독은 여전히 많은 이들에게 힘든 도전으로 남아 있습니다.

하지만《리딩지저스》출간 이후, 이 여정이 조금 달라졌습니다. 많은 교회와 성도들이 성경을 처음부터 끝까지 읽는 것이 가능할 뿐 아니라 교회 공동체가 함께할 때 더 큰 유익이 있음을 경험하고 있습니다. 그동안 어렵게만 느껴졌던 성경 일독이 가능해진 것입니다. 창세기부터 요한계시록까지 성경을 순서대로 따라가며, 하나님께서 성경을 주신 목적과 의미를 되새기고, 성경의 큰 그림 안에서 예수 그리스도를 바라보는 여정, 이것이 그리스도 중심 성경 읽기《리딩지저스》의 핵심입니다.

예수님은 말씀하셨습니다. "너희가 성경에서 영생을 얻는 줄 생각하고 성경을 연구하거니와 이 성경이 곧 내게 대하여 증언하는 것이니라"(요한복음 5:39). "모세를 믿었더라면 또 나를 믿었으리니 이는 그가 내게 대하여 기록하였음이니라"(요한복음 5:46). 또한 부활하신 후 엠마오로 가던 제자들에게, 모세와 선지자의 글 전체가 자신에 관한 것임을 자세히 설명하셨고(누가복음 24:27), 또 다른 제자들과 함께하셨을 때는 그들의 마음을 열어 모세의 율법과 선지자와 시편, 즉 구약 전체가 자신을 가리킨다는 사실을 깨닫게 하셨습니다(누가복음 24:44-45).

《리딩지저스》는 예수님께서 친히 가르쳐 주신 방식으로 성경을 읽도록 돕습니다. 구약성경의 중심 메시지가 예수 그리스도이심을 발견하고, 성경 전체에 흐르는 그분의 복음을 만나도록 안내합니다.

《리딩지저스 성경통독 라이트》는 《리딩지저스》보다 더 쉽고 실용적인 통독 워크북을 바라는 요청을 반영해 만들어졌습니다. 주차별 영상, 통독 분량에 맞춘 오디오 바이블, 따라가기 쉬운 성경 읽기 안내, 소모임 나눔을 위한 장까지, 누구든 《리딩지저스 성경통독 라이트》와 함께 부담 없이 성경 통독을 시작하고 끝까지 함께 갈 수 있도록 구성했습니다. 그래서 성경 통독을 처음 시작하거나, 공동체와 함께 처음 말씀을 읽어 가려는 이들을 위해 쉽고 실용적으로 구성했습니다. 그러나 그리스도 중심 설교를 준비하는 목회자나 교회의 중직자, 평신도 리더들이라면, 이번 책보다 더 심

화된 내용을 담고 있는《리딩지저스》를 함께 참고하시기를 권합니다. 성경 각 권에 담긴 복음의 메시지를 더 깊이 있게 다루며, 설교와 교육, 제자훈련 등의 실제 사역에 유익한 통찰을 제공합니다.

《리딩지저스 성경통독 라이트》와 함께 그리스도 중심으로 성경을 읽는다는 것은 단순한 지식이나 느낌을 넘어 예수님께 우리의 시선을 고정하는 경험입니다. 그분만이 우리 삶을 진정으로 변화시키신다는 복음의 능력을 날마다 새롭게 다시 입는 여정입니다. 그리고 이 여정은 혼자 걸을 때보다 교회가 함께할 때 더욱 풍성해집니다.《리딩지저스 성경통독 라이트》와 함께 주님의 말씀을 따라가는 이 길을 여러분이 같이 걸으면 좋겠습니다.

《리딩지저스》는 다음과 같이 여섯 권으로 나뉘어 있으며, 총 45주 안에 성경 전체를 일독할 수 있도록 구성되어 있습니다.

그리스도 중심으로 창세기부터 요한계시록까지

1권 창세기-여호수아(7주)

2권 사사기-에스더(8주)

3권 욥기-아가(7주)

4권 이사야-말라기(9주)

5권 마태복음-로마서(7주)

6권 고린도전서-요한계시록(7주)

《리딩지저스》는 성경 통독을 시작할 수 있도록 돕는 단순하지만 깊이 있는 도구입니다. 예수님과 동행하는 그리스도 중심 성경읽기를 제안합니다.

이 책의 활용법

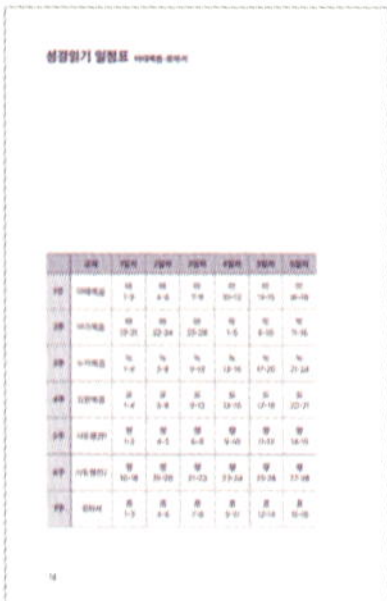

1. 성경읽기를 한눈에

14쪽에 있는 **성경읽기 일정표**를 열어 보세요. 《리딩지저스 성경통독 라이트》 5권을 따라서 "마태복음-로마서"를 7주간 통독하는 전체 과정을 볼 수 있습니다. 시작이 반이라는 말이 있죠. 여기서 마음을 다잡고 시작하는 거예요. 차근차근 따라가다 보면 45주간 창세기부터 요한계시록까지 1년에 일독하는 과정을 마칠 수 있습니다.

2. 영상으로 시작

각 장 맨 앞에는 **리딩지저스 영상**이 있습니다. 이번 주에 읽을 성경의 줄거리와 신학 주제를 알려 주고, 그리스도 중심이라는 큰 그림 안에서 성경을 이해하도록 돕습니다. 휴대폰으로 QR 코드를 찍으면 바로 영상으로 연결할 수 있어요.

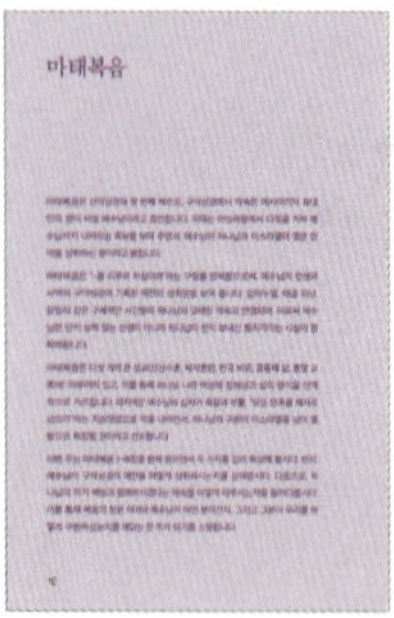

3. 이번 주 성경 개관

자, 이제 시작입니다. 한 주간 읽을 성경의 **전체 구조와 흐름**을 한눈에 볼 수 있어요. 성경 내용이 다소 길게 느껴질 때도 여기서 준비운동만 잘하면 길을 잃지 않고 완주할 수 있어요.

4. 통독 과정 확인

통독하다 보면 어디쯤 읽고 있는지, 얼마나 읽어야 하는지를 잊고 무작정 읽을 때가 많습니다. **이번 주 성경읽기**는 성경 전체 내용 중 어디쯤 읽고 있는지도 알려 주고, 이번 주에 통독할 구간이 어디인지도 자세히 알려 줍니다.

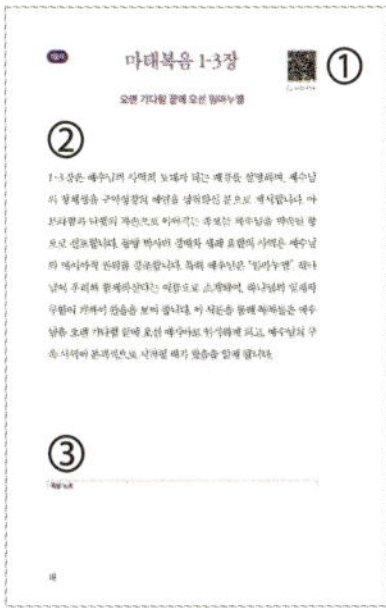

5. 하루에 한 쪽씩

① 통독 본문 읽기/듣기

오늘의 성경 본문을 읽습니다. QR 코드를 찍으면 오디오 바이블로 연결됩니다.

② 통독 본문 요약

오늘의 본문을 이해할 수 있도록 돕는 내용입니다. 먼저 읽고 통독하셔도 좋고, 통독한 다음에 정리하는 용도로 보셔도 좋습니다.

③ 묵상 노트

자신만의 묵상을 이곳에 적어봅니다. 기억에 남은 말씀이나 기도도 물론 괜찮습니다.

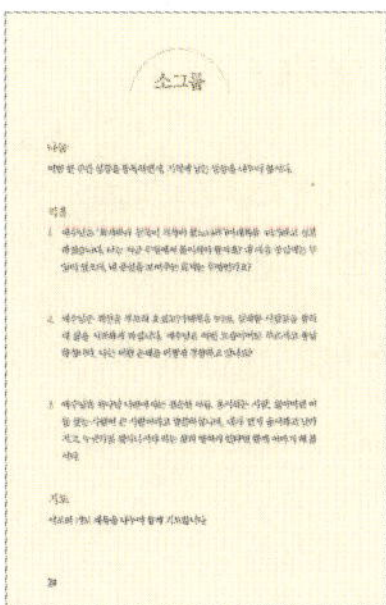

6. 함께 모여서 나눔

소그룹으로 모여서 한 주간 읽은 성경을 놓고 함께 이야기 나누면 더욱 좋습니다. 자신이 묵상한 내용이나 기억에 남았던 성경 구절을 꺼내 놓아도 괜찮고, 적용 질문에 답하며 서로를 응원하고 격려해도 좋습니다.

리딩지저스를 더 깊이 만나는 방법

리딩지저스 웹사이트 readingjesus.net

리딩지저스와 관련한 다양한 자료와 리딩지저스를 활용하는 교회들의 실제 사례를 확인하실 수 있습니다.

리딩지저스 유튜브 채널

리딩지저스 영상, 리딩지저스 오디오 바이블, 그 외 다양한 리딩지저스 활용 콘텐츠와 소식을 영상으로 만날 수 있습니다.

리딩지저스 컨퍼런스

그리스도 중심 성경읽기의 중요성을 확인하고 말씀으로 교회가 하나 되는 구체적인 사례와 방법론을 현장에서 생생하게 제시합니다.

리딩지저스 인도자 세미나

그리스도 중심 성경읽기의 중요성에 공감하여 리딩지저스를 각 교회에서 활용하기를 원하는 목회자들을 구체적이고 실제적인 방법으로 돕습니다.

목차

성경읽기 일정표 마태복음-로마서

	교재	1일차	2일차	3일차	4일차	5일차	6일차
1주	마태복음	마 1-3	마 4-6	마 7-9	마 10-12	마 13-15	마 16-18
2주	마가복음	마 19-21	마 22-24	마 25-28	막 1-5	막 6-10	막 11-16
3주	누가복음	눅 1-4	눅 5-8	눅 9-12	눅 13-16	눅 17-20	눅 21-24
4주	요한복음	요 1-4	요 5-8	요 9-12	요 13-16	요 17-19	요 20-21
5주	사도행전 1	행 1-3	행 4-5	행 6-8	행 9-10	행 11-13	행 14-15
6주	사도행전 2	행 16-18	행 19-20	행 21-22	행 23-24	행 25-26	행 27-28
7주	로마서	롬 1-3	롬 4-6	롬 7-8	롬 9-11	롬 12-14	롬 15-16

MATTHEW

마태복음

QR 코드를 찍으면 '복음서 1' 리딩지저스 영상으로 바로 연결됩니다

마태복음

마태복음은 신약성경의 첫 번째 책으로, 구약성경에서 약속한 메시아이자 유대인의 왕이 바로 예수님이라고 증언합니다. 마태는 아브라함에서 다윗을 거쳐 예수님까지 내려오는 족보를 보여 주면서, 예수님이 하나님과 이스라엘이 맺은 언약을 성취하신 왕이라고 밝힙니다.

마태복음은 "~을 이루려 하심이라"라는 구절을 반복함으로써, 예수님의 탄생과 사역이 구약성경에 기록된 예언의 성취임을 보여 줍니다. 예수님께서 동정녀에게서 나시고, 헤롯 왕을 피해 애굽으로 피난을 떠나시며, 이방 땅에서 사역하신 것 같은 구체적인 사건들이 하나님의 오래된 약속과 연결되며, 이로써 예수님은 단지 능력 있는 선생이 아니라 하나님이 친히 보내신 통치자라는 사실이 명확해집니다.

마태복음은 다섯 개의 큰 설교(산상수훈, 제자훈련, 천국 비유, 공동체 삶, 종말 교훈)로 이루어져 있고, 이를 통해 하나님 나라 백성의 정체성과 삶의 방식을 단계적으로 가르칩니다. 마지막은 예수님의 십자가 죽음과 부활, "모든 민족을 제자로 삼으라"라는 지상명령으로 막을 내리면서, 하나님의 구원이 이스라엘을 넘어 열방으로 확장될 것이라고 선포합니다.

이번 주는 마태복음 1-18장을 함께 읽으면서 두 가지를 깊이 묵상해 봅시다. 먼저, 예수님이 구약성경의 예언을 어떻게 성취하시는지를 살펴봅시다. 다음으로, 하나님이 자기 백성과 함께하시겠다는 약속을 어떻게 이루시는지를 들여다봅시다. 이를 통해 복음의 참된 의미와 예수님이 어떤 분이신지, 그리고 그분이 우리를 어떻게 구원하셨는지를 깨닫는 한 주가 되기를 소망합니다.

이번 주 성경읽기

1일차 마태복음 1-3장

2일차 마태복음 4-6장

3일차 마태복음 7-9장

4일차 마태복음 10-12장

5일차 마태복음 13-15장

6일차 마태복음 16-18장

1일차

마태복음 1-3장

오디오 바이블

오랜 기다림 끝에 오신 임마누엘

1-3장은 예수님의 사역의 토대가 되는 배경을 설명하며, 예수님의 정체성을 구약성경의 예언을 성취하신 분으로 제시합니다. 아브라함과 다윗의 자손으로 이어지는 족보는 예수님을 약속된 왕으로 선포합니다. 동방 박사의 경배와 세례 요한의 사역은 예수님의 메시아적 권위를 강조합니다. 특히 예수님은 "임마누엘", 하나님이 우리와 함께하신다는 이름으로 소개되어, 하나님의 임재와 구원이 가까이 왔음을 보여 줍니다. 이 서론을 통해 독자들은 예수님을 오랜 기다림 끝에 오신 메시아로 인식하게 되고, 예수님의 구속 사역이 본격적으로 시작될 때가 왔음을 알게 됩니다.

묵상 노트

2일차

마태복음 4-6장

오디오 바이블

하나님 백성의 참된 복과 의

예수님은 광야에서 사탄의 시험을 이기십니다. 아담과 이스라엘이 실패했던 그 자리에서 완전한 순종을 보여 주십니다. 이로써 예수님이 하나님의 아들임이 드러났고, 그분의 공생애가 시작됩니다. 이어서 예수님은 첫 제자들을 부르시고, 하나님 나라의 복음을 선포하시며 본격적으로 사역을 펼쳐 나가십니다. 4-6장의 중심을 이루는 산상수훈은 율법의 본질을 밝혀 주고, 하나님 백성이 지녀야 하는 내적 태도와 외적 삶의 방향을 제시합니다. 예수님은 외적인 종교 행위보다 하나님 앞에서의 진실한 마음과 동기를 강조하십니다. 이를 통해 참된 백성의 모습은 형식이 아니라 마음의 중심에 달려 있음을 알려 주십니다.

묵상 노트

3일차

마태복음 7-9장

오디오 바이블

권위 있는 말씀과 구원의 능력

예수님은 산상수훈을 마치시며, 말씀을 듣고 행하는 사람이 참 지혜로운 자요 진정한 제자라고 강조하십니다. 산에서 내려오신 예수님은 나병환자, 백부장의 하인, 중풍병자 등 다양한 사람의 병을 고치십니다. 그 치유는 단순한 기적이 아니라, 구약성경의 선지자들이 예언했던 메시아를 나타내는 표적이었습니다. 특히 중풍병자의 치유는 예수님에게 죄를 용서하는 권세가 있으며, 그분이 하나님이심을 드러냅니다. 세리 마태를 부르시는 장면은 예수님께서 의인이 아닌 죄인을 부르러 오셨다는 사실을 보여 주며, 하나님의 구원이 모든 사람에게 열려 있음을 보여 줍니다.

묵상 노트

4일차

마태복음 10-12장

오디오 바이블

참된 가족, 하나님 뜻에 순종하는 자들

예수님은 열두 제자를 부르시고 복음을 전하도록 파송하십니다. 그 길에는 칭찬보다 미움과 고난이 따를 테지만, 믿음을 끝까지 지키면 구원을 받을 것이라고 약속하십니다. 또한 예수님은 세례 요한에게 자신이 메시아라는 사실을 밝히시고, 회개하지 않는 도시들을 향해서는 하나님의 심판이 임할 것이라고 선언하십니다. 바리새인들은 예수님이 안식일에도 병자를 고친다고 비난했으나, 그들의 도발에 예수님은 신적 권위로 응대하십니다. 그러면서 하나님 뜻에 순종하는 사람이야말로 자신의 참된 가족이라고 말씀하십니다.

묵상 노트

5일차

마태복음 13-15장

오디오 바이블

감추어진 나라, 믿음으로 들어가라

예수님은 천국이 감추어져 있으나 생명력 있게 자라고 있다는 사실을 비유로 알려 주십니다. 동시에 예수님은 수많은 병자를 고치시고, 물 위를 걸으시고, 오병이어 기적을 일으키시며 자신의 메시아적 권세를 드러내십니다. 그러나 바리새인들은 계속해서 예수님과 정결 규례 등을 두고 논쟁을 벌이며 예수님을 배척합니다. 그와 대조적으로 한 가나안 여인이 예수님의 권위를 인정하고 간절히 간구하여 응답을 받습니다. 이 같은 대조는 하나님 나라가 유대인만이 아니라 믿는 모든 이방인에게 열려 있음을 보여 줍니다.

묵상 노트

6일차

마태복음 16-18장

오디오 바이블

그리스도를 따르는 제자의 길

예수님은 계속해서 표적을 요구하는 바리새인과 사두개인에게 요나의 표적 외에는 보여 줄 것이 없다고 하시며, 부활을 예고하십니다. 반면 베드로는 "주는 그리스도시요 살아 계신 하나님의 아들이시니다"라고 고백하여 예수님의 정체성을 올바로 인식합니다. 이로써 예수님을 거부하는 종교 지도자들과 그를 믿고 따르는 제자들이 뚜렷하게 대조됩니다. 변화산에서는 예수님의 신적 영광이 드러나고, 제자들은 예수님을 하나님의 아들로서 체험합니다. 또한 예수님은 하나님 나라를 살아가는 방식으로, 어린아이 같은 겸손함, 죄의 유혹을 경계하는 삶, 끊임없이 용서하는 마음, 다툼 가운데 화해하는 자세를 가르치십니다.

묵상 노트

소그룹

나눔

이번 한 주간 성경을 통독하면서, 기억에 남는 말씀을 나누어 봅시다.

적용

1. 예수님은 "회개하라 천국이 가까이 왔느니라"(마태복음 4:17)라고 선포하셨습니다. 나는 지금 무엇에서 돌이켜야 할까요? 내 마음 중심에는 무엇이 있으며, 내 중심을 보여 주는 표지는 무엇인가요?

2. 예수님은 죄인을 부르러 오셨고(마태복음 9:13), 실패한 사람들을 불러 새 삶을 시작하게 하십니다. 예수님은 어떤 모습이어도 부르시고 용납하십니다. 나는 이런 은혜를 어떻게 경험하고 있나요?

3. 예수님은 하나님 나라에서는 겸손한 사람, 용서하는 사람, 잃어버린 이를 찾는 사람이 큰 사람이라고 말씀하십니다. 내가 먼저 용서하고 낮아지고, 누군가를 찾아 나서야 하는 삶의 영역이 있다면 함께 이야기해 봅시다.

기도

서로의 기도 제목을 나누며 함께 기도합니다.

MARK

마가복음

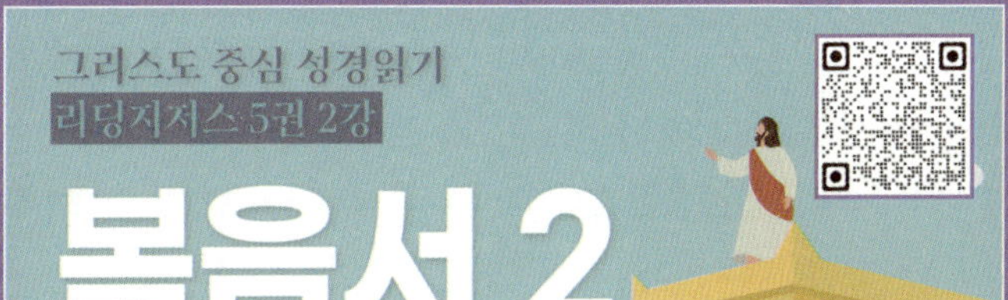

QR 코드를 찍으면 ‘복음서 2’ 리딩지저스 영상으로 바로 연결됩니다

마가복음

마가복음은 예수님을 하나님의 능력 있는 아들이자 '섬기는 메시아'로 소개하는 역동적인 복음서입니다. "하나님의 아들 예수 그리스도의 복음의 시작"이라는 첫 구절은, 예수님의 사역이 하나님의 통치를 드러내는 '좋은 소식'이라고 선포하며, 동시에 구약성경의 예언이 예수님을 통해 성취되었음을 암시합니다.

예수님은 세례를 통해 "내 사랑하는 아들"로 확증을 받으신 후, 곧바로 광야로 나가셔서 시험을 받으십니다. 아담과 이스라엘이 실패했던 바로 그 자리에서 예수님은 온전한 순종으로 시험을 이기시고 인류를 위한 참된 대표자가 되십니다.

이후 예수님은 갈릴리에서 복음을 선포하시며, 병자를 고치시고 귀신을 내쫓으시며 자연을 다스리시는 사역을 통해 끊임없이 "이 사람은 도대체 누구인가?"라는 질문을 독자들에게 던지게 하십니다.

그 질문의 답은 복음서 중반에 나오는 "주는 그리스도이십니다"라는 베드로의 고백에서 분명해집니다. 예수님의 정체성은 이어지는 변화산 사건과 예루살렘에서의 마지막 일주일, 십자가 죽음, 찢어지는 성전 휘장, 백부장의 고백을 통해 점점 더 선명하게 드러납니다. 예수님의 십자가는 섬김의 절정이며, 부활은 단순한 기적이 아니라 죽음을 이긴 최종 승리이자 하나님 나라가 도래했음을 보여 주는 복음의 결정적 선언입니다.

이번 주는 마태복음 19장부터 마가복음 16장까지를 함께 읽습니다. 예수님이 온전한 순종으로 어떻게 구원의 길을 여셨는지, 그리고 우리에게 참된 제자의 길을 어떻게 보여 주셨는지를 깊이 묵상해 봅시다.

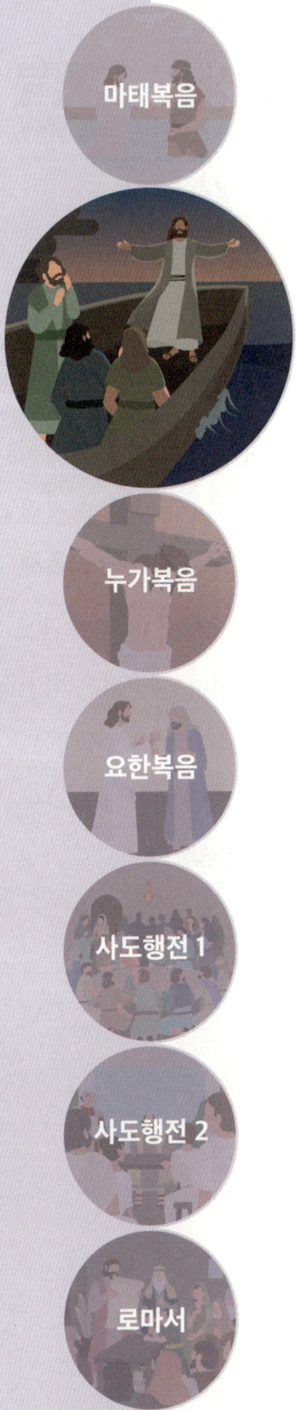

이번 주 성경읽기

1일차 마태복음 19-21장

2일차 마태복음 22-24장

3일차 마태복음 25-28장

4일차 마가복음 1-5장

5일차 마가복음 6-10장

6일차 마가복음 11-16장

1일차

마태복음 19-21장

오디오 바이블

하나님 나라의 참된 상속자

예수님은 예루살렘으로 가시면서 하나님 나라의 원리를 가르쳐 주시는데, 우리의 생각을 완전히 뒤엎는 내용입니다. 이 세상에서 모든 것을 버리고 예수님을 따르면 하나님 나라에서 가장 큰 사람이 되고, 이 땅에서 지위와 보상을 추구하면 오히려 하나님 나라에서 가장 작은 사람이 된다고 말씀하십니다. 예수님은 예루살렘에 도착해서 종교 지도자들과 정면으로 충돌하십니다. 예수님은 성전 정화 사건과 무화과나무 저주 사건을 통해 이스라엘의 실상을 드러내시고, 두 아들의 비유로 유대 지도자들이 결국 하나님 나라의 상속자이신 참 아들을 배척하고 죽일 것을 예고하십니다.

묵상 노트

2일차

마태복음 22-24장

오디오 바이블

초대받은 자와 심판받는 자

예수님은 혼인 잔치 비유를 통해 하나님 나라가 누구에게나 열려 있으나, 그 나라에 합당하지 않은 사람은 배제된다고 경고하십니다. 이어지는 비유들을 통해서는 유대 지도자들이 하나님의 아들을 거절하고 결국 죽일 것이라고 알려 주십니다. 유대 지도자들은 예수님을 함정에 빠뜨리려고 하지만, 오히려 예수님의 지혜 앞에서 침묵하게 됩니다. 예수님은 바리새인과 서기관들의 외식을 폭로하며 "화 있을진저"라고 일곱 번이나 선언하십니다. 마지막으로 예수님은 성전 파괴와 마지막 때의 징조, 그리고 인자의 다시 오심에 대해 말씀하시며, 항상 깨어 때를 분별하라고 하십니다.

묵상 노트

3일차

마태복음 25-28장

오디오 바이블

깨어서 기다리며 십자가를 따르라

예수님은 인자가 다시 오실 그날을 대비해 깨어 있으라고 하시면서, 열 처녀 비유, 달란트 비유, 양과 염소 비유를 차례로 가르치십니다. 또한 인자가 올 때까지 지혜롭고 충성된 제자로 살라고 당부하십니다. 예수님은 마침내 십자가를 향해 나아가십니다. 제자들과 마지막 만찬을 하시고 겟세마네에서 기도하신 후에 유다의 배신으로 붙잡혀서 재판을 받으십니다. 그리고 십자가에 달리시고 그 위에서 돌아가십니다. 하지만 예수님은 사흘 만에 부활하시고 제자들에게 나타나셔서 "내가 세상 끝날까지 너희와 항상 함께 있으리라"라고 약속하시며, 모든 민족을 제자로 삼으라는 대위임령을 주십니다. 이로써 "임마누엘", 곧 '하나님이 우리와 함께 계신다'라는 약속이 성취되었고, 지금까지도 이어지고 있습니다.

묵상 노트

4일차

마가복음 1-5장

오디오 바이블

하나님의 아들로 오신 분

마가복음은 예수님의 사역을 빠르고 역동적으로 소개합니다. 예수님은 세례를 받으신 후 곧바로 광야로 가셔서 사탄의 시험을 이기시고, 갈릴리에서 "하나님 나라가 가까이 왔다"라는 복음을 선포하시며 사역을 시작하십니다. 예수님이 병든 사람과 귀신 들린 사람을 고치시며 하나님 아들로서 권위를 드러내시자, 많은 무리가 예수님을 따르기 시작합니다. 하지만 바리새인들은 예수님의 권위를 무너뜨리려 하고 갈등은 점점 깊어집니다. 예수님은 그들의 도전을 말씀과 능력으로 잠재우시고, 자연을 다스리시고 병을 고치시고 심지어 죽은 사람까지 살리는 기적을 보이시며, 하나님의 권능과 자비하심을 드러내십니다.

묵상 노트

5일차

마가복음 6-10장

오디오 바이블

이방까지 확장된 은혜와 제자도의 길

예수님은 갈릴리를 떠나 이방 지역까지 나아가 사역하신 후 갈릴리로 돌아오십니다. 이방 여인에게 은혜를 베푸시고 이방 땅에서 병자를 고치심으로, 하나님의 구원이 유대인뿐 아니라 모든 민족에게 열려 있음을 보여 주십니다. 특히 오병이어 기적을 통해서는 메시아로 오신 예수님의 권세와 능력이 많은 이들에게 드러납니다. 이어서 베드로가 "주는 그리스도시니이다"라고 고백하자, 예수님은 자신이 겪을 고난과 죽음과 부활을 처음으로 밝히시고, 그때부터 반복해 강조하십니다. 앞을 보지 못하는 바디매오의 눈을 뜨게 하시는 장면에서는 메시아의 권위와 자비가 다시 한번 분명하게 드러납니다.

묵상 노트

6일차

마가복음 11-16장

오디오 바이블

거절당한 종, 다시 찾아오신 주

예수님이 예루살렘에 입성하신 이후의 모든 장면은 그분의 고난과 죽음, 그리고 부활을 향해 나아갑니다. 예수님은 비유를 들어 종교 지도자들이 결국 자신을 잡아 죽일 것이라고 암시하십니다. 죽음을 앞두고는 제자들에게 새 언약의 의미와 종말에 대한 교훈을 가르치십니다. 그러나 한 제자는 예수님을 배신하고, 다른 제자들은 흩어지며, 수제자 베드로는 세 번이나 예수님을 부인합니다. 그럼에도 부활하신 예수님은 제자들을 찾아가 복음을 전하라는 사명을 맡기십니다. 마가복음은 이렇게 예수님의 승리와 복음 전파 사명의 위임으로 마무리됩니다.

묵상 노트

소그룹

나눔

이번 한 주간 성경을 통독하면서, 기억에 남는 말씀을 나누어 봅시다.

적용

1. 마태복음 19-20장에서 예수님은 하나님 나라의 원칙이 세상과 다르다고 말씀하십니다. 예를 들어, 무리 중 으뜸이 되고자 하는 자는 섬기는 자가 되라고 하셨습니다. 이처럼 하나님 나라의 가치와 세상의 가치가 다르다고 느낀 적이 있나요? 있다면 언제였나요?

2. 예수님이 말씀을 선포하실 때 치유와 회복이 일어나는 기적이 많이 나타났습니다. 말씀을 읽으면서 내 삶이나 내면에도 그 같은 치유와 회복이 필요하다는 생각이 들었나요? 어떤 부분에 예수님의 치유와 회복이 필요할까요?

3. 부활하신 예수님은 제자들에게 복음을 전파하라고 명령하셨습니다. 오늘 나의 삶에서 이 말씀을 어떻게 실천할 수 있을까요?

기도

서로의 기도 제목을 나누며 함께 기도합니다.

LUKE

누가복음

QR 코드를 찍으면 '복음서 3' 리딩지저스 영상으로 바로 연결됩니다

누가복음

누가복음은 의사인 누가가 데오빌로에게 남긴 글이며, 예수님의 삶과 죽음, 부활을 세밀하고 체계적으로 기록하고 있습니다. 마태복음이 예수님을 아브라함과 다윗의 자손으로 소개하며 유대인의 구원자로 제시한 데 비해, 누가복음은 아담까지 거슬러 올라가는 예수님의 족보를 보여 주면서 예수님이 온 인류의 구원자이심을 강조합니다.

누가복음은 크게 세 부분으로 나뉩니다. 1부(1-4장)는 예수님의 탄생과 사역 준비, 2부(5-19장)는 갈릴리와 유대에서의 사역, 3부(19-24장)는 예루살렘에서의 고난과 죽음, 부활을 다룹니다. 특히 누가는 예수님의 긍휼과 자비에 주목합니다. 예수님은 소외된 사람들 곁에 계셨고, 겸손한 왕이자 희생의 어린양으로 하나님의 사랑을 드러내셨습니다.

누가복음은 예수님의 부활과 복음 전파 사명을 언급하며 마무리되고, 복음이 온 세상으로 퍼져 나가는 이야기인 사도행전으로 이어집니다.

이번 주는 누가복음을 함께 읽으면서 인류를 위한 하나님의 구원 이야기를 묵상해 봅시다. 특히 예수님의 마지막 일주일, 고난과 부활에 담긴 의미를 깊이 들여다보는 한 주가 되기를 바랍니다.

이번 주 성경읽기

1일차 누가복음 1-4장

2일차 누가복음 5-8장

3일차 누가복음 9-12장

4일차 누가복음 13-16장

5일차 누가복음 17-20장

6일차 누가복음 21-24장

1일차

누가복음 1-4장

오디오 바이블

약속의 성취, 이 땅에 오신 하나님의 아들

누가복음은 예수님과 관련한 일들을 누가가 꼼꼼히 정리하여 데오빌로에게 전한 책입니다. 세례 요한의 출생, 예수님의 탄생, 예수님의 세례를 순서대로 전하면서, 메시아의 사역을 준비해 가는 하나님의 섭리를 상세히 보여 줍니다. 특히 아담과 하나님까지 거슬러 올라가는 족보를 제시하여, 예수님이 다윗의 후손임을 확증하고 구약성경의 약속이 드디어 성취되었음을 보여 줍니다. 따라서 예수님이 세례를 받으신 장면은 예수님을 참된 왕으로 선포하는 대관식과 같습니다. 그 순간 성령이 임하시고 하나님의 음성이 울려 퍼지며, 예수님이 받으신 사명이 얼마나 권위 있고 확실한지가 분명히 나타납니다. 1-4장은 메시아로 오신 예수님이 앞으로 하실 일이 어떤 의미가 있는지를 이해하는 데 중요한 기초가 됩니다.

묵상 노트

2일차

누가복음 5-8장

오디오 바이블

죄인을 부르시는 예수님

예수님은 제자들을 부르시고, 그들과 함께 복음을 전하십니다. 예수님은 수많은 병자를 치료하시면서 하나님 나라가 이미 임했음을 친히 증명하십니다. 특히 세금 걷는 일을 하는 레위를 제자로 부르시며, 의인이 아니라 죄인을 부르러 왔다고 선포하십니다. 또한 풍랑을 잠잠케 하시고 귀신 들린 자를 자유롭게 하십니다. 이 사건들을 통해 예수님의 권능이 널리 알려지고, 동시에 예수님의 정체성과 하나님 나라의 본질이 무엇인지가 선명하게 드러납니다. 누가의 기록을 따라가다 보면, 예수님의 폭넓은 사역과 예수님의 부르심에 응답한 다양한 사람들의 이야기를 생생하게 만날 수 있습니다.

묵상 노트

3일차

누가복음 9-12장

오디오 바이블

십자가의 길과 그리스도의 부르심

베드로의 신앙 고백 이후, 예수님은 자신이 겪을 고난과 죽음과 부활에 대해 본격적으로 말씀하시기 시작합니다. 또한 열두 제자뿐 아니라 일흔 명을 더 파송하시며 복음 전파의 중요성을 강조하십니다. 그리고 예수님은 제자들에게 기도하는 법을 가르치시고, 바리새인들의 외식을 경계하라고 말씀하십니다. 더 나아가 마지막 날에 일어날 일들을 말씀하시며, 시대의 징조를 분별하고 깨어 있으라고 당부하십니다. 9-12장에서 우리는 예수님의 가르침이 얼마나 깊고 풍성한지, 그리고 그분의 사역이 앞으로 어떤 방향으로 전개될지를 살펴볼 수 있습니다. 이렇게 예수님의 사역이 확장되는 이야기 속에서 우리는 제자도의 참된 의미를 깨닫게 됩니다.

묵상 노트

4일차

누가복음 13-16장

오디오 바이블

하나님 나라의 비유

예수님은 다양한 비유와 설교로 회개를 촉구하시고 하나님 나라의 본질을 깊이 있게 설명하십니다. 예수님은 열매 없는 무화과나무 비유로 회개의 긴급성을 보여 주시고, 겨자씨, 누룩, 좁은 문 비유를 통해 하나님 나라가 확장되는 과정과 그 나라에 들어가는 길을 가르치십니다. 잃은 양, 잃은 드라크마, 탕자 비유는 죄인을 찾고 돌보시는 하나님의 은혜가 얼마나 큰지를 전하며, 자기 백성을 향한 하나님의 마음이 어떠한지를 생생하게 보여 줍니다. 이를 통해 우리는 하나님이 하나님 나라 백성에게 어떤 변화와 가치관의 전환을 요구하시는지, 그리고 변화된 삶의 참된 의미가 무엇인지를 깊이 묵상할 수 있습니다.

묵상 노트

5일차

누가복음 17-20장

오디오 바이블

은혜로 부르시고, 권위로 다스리시다

예수님은 예루살렘에 입성하시기 직전까지도 치유 사역과 하나님 나라에 대한 가르침을 이어 가십니다. 또한 불의한 재판관과 세리 비유 등을 통해 기도와 겸손이 얼마나 중요한지를 제자들에게 가르치십니다. 특히 삭개오를 만나 그의 삶을 변화시킴으로써, 죄인의 회개와 구원이 실제로 어떻게 이루어지는지를 극적으로 보여 주십니다. 예루살렘에 입성하신 후에는 성전에서 가르치시며, 예수님의 권위에 도전하는 자들을 꾸짖으시고 누가 진정한 왕인지를 드러내십니다. 이를 통해 우리는 예수님의 권능이 얼마나 큰지, 다가올 구속 사역이 어떻게 전개될 것인지 알 수 있습니다.

묵상 노트

6일차

누가복음 21-24장

오디오 바이블

죽음을 이기신 예수님

누가복음의 마지막 부분은 예수님의 공생애 마지막 일주일을 기록하며, 예수님의 고난과 죽음과 부활의 절정을 보여 줍니다. 유월절 만찬에서 십자가 처형에 이르기까지 모든 일이 비극처럼 보였으나, 빈 무덤과 예수님의 부활로 완전한 반전이 일어납니다. 특히 예수님이 엠마오로 가는 두 제자에게 나타나 구약성경에 기록된 자신에 대한 예언을 풀어서 설명해 주시는 장면은 누가복음에만 나오는 기록입니다. 부활하신 예수님은 제자들에게 모든 민족에게 복음을 전하라는 사명을 남기며, 구원 역사의 새로운 장을 여십니다. 이렇게 누가복음은 예수님의 승리를 보여 주며, 그분을 믿는 자들에게 주어지는 영원한 생명을 소망하게 하며 마무리됩니다.

묵상 노트

소그룹

나눔

이번 한 주간 성경을 통독하면서, 기억에 남는 말씀을 나누어 봅시다.

적용

1. 누가복음은 예수님이 잃은 자를 찾아내시고 회복시키시는 '자비의 구세주'로 오셨다고 강조합니다. 내 삶에서도 '잃어버린 양'이나 '잃은 드라크마' 같은 상태였던 때가 있었나요?

2. 예수님은 소외된 사람, 가난한 사람, 세금 걷는 사람 등 당시 사회에서 배척당하던 이들에게도 특별한 사랑을 베푸셨습니다. 나도 그 사랑의 대상임을 기억할 때, 내 마음에 어떤 깨달음이나 위로가 찾아오나요?

3. 예수님은 하나님 나라가 임하여 회복이 일어나는 복음을 전하셨고, 그 사명을 제자들에게 맡기셨습니다. 나는 그 부르심을 어떻게 받아들이고 있나요? 그리고 일상에서 그 사명을 어떻게 실천해 가고 있나요?

기도

서로의 기도 제목을 나누며 함께 기도합니다.

JOHN

요한복음

QR 코드를 찍으면 '복음서 4' 리딩지저스 영상으로 바로 연결됩니다

요한복음

요한복음은 공관복음서와는 다른 독특한 관점과 문체로 예수님을 하나님의 아들이자 영원한 생명의 주님으로 깊이 있게 조명합니다. "태초에 말씀이 계시니라"라는 장엄한 첫 문장으로 문을 열면서, 예수님이 창조주 하나님과 동등한 영원한 '말씀'(로고스)이라고 선포합니다. 그분을 통해 모든 만물이 창조되었다고 밝히며, 이로써 예수님의 성육신과 십자가 고난이 얼마나 경이로운 사건인지가 더욱 부각됩니다.

요한복음은 예수님이 행하신 일곱 가지 '표적'에 집중합니다. 그 표적들은 단순한 기적이 아니라 예수님의 신분과 하나님 나라의 본질을 보여 주는 상징적인 계시입니다. 예수님은 자신을 생명의 떡, 선한 목자, 부활이요 생명, 길이요 진리요 생명이라고 선포하시며, 믿는 자들에게 영원한 생명을 주시려는 목적으로 세상에 오셨음을 밝히십니다.

많은 이들이 표적을 보고도 믿지 않았지만, 부활하신 예수님은 도마에게 "보지 못하고 믿는 자들은 복되도다"라고 말씀하시며 믿음을 강조하십니다. 그리고 요한복음은 그 목적을 분명히 밝힙니다. "예수께서 하나님의 아들 그리스도이심을 믿게 하려 함이요 또 너희로 믿고 생명을 얻게 하려 함이니라"(20:31).

이번 주는 요한복음을 함께 읽습니다. 예수님의 표적들을 통해 믿음을 되새기고 영원한 생명을 누리는 한 주가 되기를 바랍니다.

이번 주 성경읽기

1일차 요한복음 1-4장

2일차 요한복음 5-8장

3일차 요한복음 9-12장

4일차 요한복음 13-16장

5일차 요한복음 17-19장

6일차 요한복음 20-21장

1일차

요한복음 1-4장

오디오 바이블

말씀이 육신이 되어 생명을 주시다

요한복음은 공관복음과 달리, 예수님의 오심이 우리에게 어떻게 새 생명을 주는지를 깊이 있게 조명합니다. "태초에 말씀이 계시니라"라는 선언으로 시작하여, 예수님이 창조주 하나님이심을 분명히 드러냅니다. 요한은 예수님이 행하신 놀라운 일들을 "표적"이라고 부르며, 이를 통해 예수님이 누구신지를 밝힙니다. 예수님의 첫 번째 표적은 가나의 혼인 잔치에서 물을 포도주로 바꾸신 것이었습니다. 예수님은 니고데모와의 대화에서는 거듭남의 본질을 강조하시는데, 이를 통해 우리는 예수님을 향한 참된 믿음과, 그로 말미암아 얻게 되는 생명을 깊이 묵상할 수 있습니다. 궁극적으로 요한복음은 우리가 예수님을 믿고 영생을 얻게 하려는 목적으로 기록되었습니다.

묵상 노트

2일차

요한복음 5-8장

오디오 바이블

참 생명, 예수 그리스도

예수님은 자신이 "생명의 떡"이며, 자신을 믿는 사람의 배에서는 "생수의 강"이 흘러나올 것이라고 말씀하시며, 자신이 영원한 생명의 근원이심을 드러내십니다. 오천 명을 먹이신 기적은 예수님이 생명의 근원임을 보여 줄 뿐 아니라, 구약성경의 예언을 성취하는 사건이기도 합니다. 또한 안식일에 병자를 고친 일로 종교 지도자들과 부딪히시지만, 예수님은 그 가운데서도 자신의 권능과 신성을 분명히 나타내십니다. 그러나 많은 사람은 표적을 보고도 그 너머의 참된 의미, 곧 예수님이 누구신지를 깨닫지 못합니다. 5-8장에서 우리는 예수님을 믿고 의지할 때 누리게 되는 영원한 생명의 복을 깊이 묵상할 수 있습니다. 또한 예수님만이 참 생명을 주시는 유일한 분임을 확신하게 됩니다.

묵상 노트

3일차

요한복음 9-12장

오디오 바이블

부활이며 생명이신 예수님

예수님은 태어날 때부터 보지 못하는 사람을 치유하시며 자신의 권능과 신분을 드러내십니다. 또한 자신을 "선한 목자"라고 하시며 양을 위해 목숨을 내어주는 사랑을 보여 주십니다. 특히 죽은 나사로를 살리신 사건은 예수님이 "부활이요 생명"이라는 사실을 분명하게 선포하는 가장 극적인 표적입니다. 이 사건은 많은 사람을 믿음으로 이끄는 계기가 되었지만, 동시에 예수님을 제거하려는 종교 지도자들의 모의를 촉발합니다. 궁극적으로 예수님의 모든 표적은 예수님을 하나님의 아들이자 그리스도로 믿게 하여 생명을 얻게 하려는 목적을 담고 있습니다. 따라서 9-12장은 죽음의 권세를 이기신 예수님 안에서만 영원한 생명과 소망을 얻을 수 있다고 확증하고 있습니다.

묵상 노트

4일차

요한복음 13-16장

오디오 바이블

사랑과 진리 안에 거하는 제자도

예수님은 잡히시기 전날 밤, 제자들과 마지막 교제를 나누시며 그들의 발을 씻기고 "서로 사랑하라"라는 새 계명을 주십니다. 곧 다가올 십자가를 앞두고 "내가 곧 길이요 진리요 생명"이라고 선포하시며, 오직 자신을 통해서만 하나님께 나아갈 수 있다고 말씀하십니다. 또한 보혜사 성령을 약속하시며, 제자들이 세상 속에서 열매 맺도록 위로와 확신을 주십니다. 포도나무 비유로 주 안에 거하는 삶의 중요성을 가르치시고, 세상이 미워할지라도 담대하라고 격려하십니다. 13-16장은 주님의 깊은 사랑과 제자도의 본질, 곧 사랑과 순종과 성령을 의존하는 것이 무엇인지를 선명하게 일깨워 줍니다.

묵상 노트

5일차

요한복음 17-19장

오디오 바이블

십자가에서 완성된 구속의 은혜

17-19장은 예수님의 공생애 절정인 십자가 고난을 자세히 기록합니다. 십자가 죽음을 앞두고 예수님은 제자들뿐 아니라, 장차 자신을 믿게 될 모든 이를 위해 대제사장적 기도를 드리십니다. 이후 가야바와 빌라도 앞에 선 예수님은 죄가 없음에도 군중의 요구로 재판을 받으시고, 마침내 십자가에 못 박히십니다. 십자가 위에서 "다 이루었다"라고 선포하심으로써 구약성경의 예언을 완성하시고, 구속 사역의 절정을 이루십니다. 예수님의 죽음은 그분이 하나님의 진노를 대신 감당하는 '화목 제물'이 되셨음을 보여 주며, 성소의 휘장이 위에서 아래로 찢어진 사건은 예수님을 통해 하나님께 나아가는 길이 열렸음을 상징합니다.

묵상 노트

6일차

요한복음 20-21장

오디오 바이블

부활의 주, 회복과 사명을 주시다

요한복음은 예수님의 영광스러운 부활로 마무리됩니다. 부활하신 예수님은 막달라 마리아와 제자들, 그리고 의심하던 도마에게 나타나셔서 그들의 믿음을 굳게 세우시고 새 힘을 주십니다. 특히 예수님이 "보지 못하고 믿는 자들은 복되도다"라고 하신 말씀은, 믿음을 통해 생명을 얻게 하려는 요한복음의 목적을 분명히 드러냅니다. 마지막 21장에서는 부활하신 예수님이 베드로를 찾아가 숯불가에서 세 번이나 "네가 나를 사랑하느냐"라고 물으시며 사명을 다시 맡기십니다. 이 장면은 실패한 제자에게도 변함없는 사랑으로 다가가셔서 새로운 기회를 주시는 자비하신 예수님의 모습을 보여 줍니다.

묵상 노트

소그룹

나눔

이번 한 주간 성경을 통독하면서, 기억에 남는 말씀을 나누어 봅시다.

적용

1. 요한복음에 기록된 표적들은 예수님이 누구신지를 드러내어 사람들이 그분을 믿고 따르게 하는 데 목적이 있습니다. 그러나 많은 사람이 표적에만 매료되어 정작 예수님을 믿는 자리까지 나아가지 못합니다. 나는 삶 속에서 표적을 통해 예수님을 바라보고 있나요? 아니면 표적 그 자체만을 좇고 있나요?

2. 예수님은 십자가를 지시기 전, 가장 높으신 분이심에도 가장 낮은 종의 모습으로 제자들의 발을 씻기십니다. 그리고 십자가에서 죽으심으로 인류의 죄를 씻어 주십니다. 지극히 높으신 분께서 나를 섬기기 위해 기꺼이 낮아지신 그 사랑, 그 사랑이 내게는 어떤 의미로 다가오나요?

3. 예수님은 성령님을 통해 "내가 너희에게 말한 모든 것을 기억나게 하리라"(요한복음 14:26)라고 약속하셨습니다. 성령님은 말씀을 깨닫게 하시고 삶에 적용하도록 인도하십니다. 나는 성령님을 따르기 위해 어떤 구체적인 실천을 할 수 있을까요?

기도

서로의 기도 제목을 나누며 함께 기도합니다.

ACTS 1

사도행전 1

QR 코드를 찍으면 '사도행전 1' 리딩지저스 영상으로 바로 연결됩니다

사도행전 1

사도행전은 누가복음의 후속편으로, 예수님이 승천하신 후 복음이 어떻게 전파되었는지를 보여 줍니다. 저자인 누가는 예수님의 사역이 교회의 사명으로 자연스럽게 이어졌다고 밝히며, 1장 8절에 나오는 예수님의 명령대로 복음이 예루살렘에서 시작되어 유대와 사마리아와 땅끝까지 전파되는 과정을 그립니다.

사도행전은 크게 두 부분으로 나뉩니다. 1부(1-12장)는 예루살렘에서 시작된 복음의 확장을, 2부(13-28장)는 복음이 땅끝까지 전파되는 과정을 다룹니다. 특히 이번 주에 읽을 1-15장은 예루살렘 교회의 탄생과 성장(1-7장), 유대와 사마리아로의 복음 전파(8-12장), 땅끝을 향한 첫걸음(13-15장)으로 전개됩니다. 각 단락은 하나님의 말씀이 더욱 왕성해지고 하나님 나라가 계속 전진한다는 요약 구절로 마무리됩니다.

사도행전 전반부에서 가장 중요한 장면은 오순절 성령 강림입니다. 이 사건을 통해 제자들은 성령의 권능을 받아 여러 언어로 복음을 전하고, 예수님의 증인으로 세워집니다. 이로써 성령을 보내 주시겠다는 예수님의 약속이 성취됩니다. 이후 베드로는 예수님의 죽음과 부활이 하나님의 계획이었다고 선포하고, 많은 사람을 회개와 믿음으로 이끕니다.

초대교회는 민족과 사회의 경계를 넘어 복음을 전파합니다. 예루살렘의 유대인 신자들부터 사마리아인과 이방인, 에디오피아 내시에게까지 복음이 전해집니다. 이 모든 확장의 중심에는 성령님의 능력과 인도하심이 있습니다.

이번 주는 사도행전 전반부를 함께 읽으면서, 성령의 능력으로 확장되는 하나님 나라를 깊이 묵상해 봅시다.

이번 주 성경읽기

1일차 사도행전 1-3장

2일차 사도행전 4-5장

3일차 사도행전 6-8장

4일차 사도행전 9-10장

5일차 사도행전 11-13장

6일차 사도행전 14-15장

1일차

사도행전 1-3장

오디오 바이블

성령으로 시작된 하나님 나라의 확장

사도행전은 누가복음의 후속편으로, 예수님의 승천 이후 하나님 나라가 어떻게 확장되어 가는지를 보여 줍니다. 예수님은 제자들에게 예루살렘에서 땅끝까지 복음의 증인이 될 것을 약속하셨고, 그 약속은 오순절 성령 강림을 통해 본격적으로 성취되기 시작합니다. 성령을 받은 제자들은 이전과 달리 권능과 담대함으로 복음을 선포했으며, 베드로의 설교를 통해 3천 명이나 회개하고 세례를 받는 놀라운 일이 일어났습니다. 1-3장은 예수님의 승천 이후 교회가 성령의 능력으로 급속히 성장했음을 보여 주며, 그 모든 일이 하나님의 주권적인 구원 계획 속에서 이루어졌음을 분명히 드러냅니다.

묵상 노트

2일차

사도행전 4-5장

오디오 바이블

거룩함과 담대함으로 세워지는 교회

초대교회는 성령의 능력에 힘입어 복음을 담대히 전하며 놀라운 성장을 이룹니다. 베드로와 요한은 나면서부터 못 걷던 이를 성전 미문에서 낫게 한 후 유대 공회에 소환되지만, 두려움 없이 예수 그리스도의 이름을 증언합니다. 복음을 전하지 말라는 위협에도 그들은 하나님의 말씀에 순종하며, 채찍질과 능욕을 당하면서도 오히려 기뻐합니다. 한편, 공동체 안에서는 아나니아와 삽비라가 재산을 숨기고 거짓말을 하다가 하나님의 심판을 받습니다. 이는 공동체의 거룩함에 대한 하나님의 엄중한 기준을 보여 줍니다. 이처럼 초대교회는 외부의 핍박과 내부의 문제에도 성령의 능력으로 굳건히 세워졌고, 복음의 능력을 생생하게 드러냈습니다.

묵상 노트

3일차

사도행전 6-8장

오디오 바이블

흩어지는 교회, 확장하는 복음

교회가 급격히 성장하면서 헬라파와 히브리파 유대인들 사이에 구제 문제로 갈등이 생기고, 사도들은 이를 해결하기 위해 일곱 집사를 세웁니다. 그중 스데반은 성령 충만하여 담대히 복음을 전하다가 유대인들이 던진 돌에 맞아 순교합니다. 그의 죽음으로 예루살렘 교회가 흩어지지만, 이 사건은 오히려 복음이 사마리아와 그 너머로 퍼져 나가는 계기가 됩니다. 빌립은 사마리아 사람들과 에디오피아 내시에게 복음을 전하고, 복음은 민족과 지역을 넘어 이방인에게까지 확장되기 시작합니다. 이 사건들은 예수님이 약속하신 하나님 나라 복음의 점진적 확장을 생생하게 보여 줍니다.

묵상 노트

4일차

사도행전 9-10장

오디오 바이블

복음 앞에서 사라지는 경계들

교회를 핍박하던 사울은 다메섹으로 가는 길에서 부활하신 예수님을 만나 극적으로 회심합니다. 그는 잠시 눈이 멀었으나 아나니아의 안수를 통해 다시 보게 되고, 이후 예수 그리스도의 이름을 담대히 전하는 사도가 됩니다. 베드로는 부정한 짐승에 대한 환상을 본 후 이방인에 대한 편견에서 벗어나서 로마 백부장 고넬료의 집에 복음을 전합니다. 그 결과 고넬료와 그의 집에 있던 모든 사람에게 성령이 임하고 모두 다 세례를 받습니다. 이로써 예수님이 만유의 주이시며, 구원이 이스라엘을 넘어 모든 민족에게 주어졌음이 드러납니다. 사울의 회심과 고넬료 사건은 복음이 더 이상 어떤 경계에 갇히지 않고 온 세상으로 확장되기 시작했음을 분명히 보여 줍니다.

묵상 노트

5일차

사도행전 11-13장

오디오 바이블

모든 민족을 향한 하나님의 은혜

베드로가 이방인 고넬료에게 세례를 베푼 소식에 예루살렘의 유대인 성도들이 반발합니다. 그러나 베드로의 증언을 듣고는 하나님이 이방인에게도 생명에 이르는 회개를 주셨다고 인정합니다(11:18). 이로써 복음은 유대인의 경계를 넘어 이방인에게로 펴져 나갈 길이 열립니다. 안디옥 교회는 바나바와 사울을 첫 번째 선교사로 파송하며 본격적인 이방인 선교의 시작을 알립니다. 한편, 헤롯 왕의 박해로 야고보가 순교하고 베드로는 투옥되지만, 하나님은 천사를 보내 베드로를 극적으로 구출하십니다. 바울은 비시디아 안디옥에서의 설교를 통해 복음이 구약성경의 성취임을 선포하는데, 그 모습은 복음이 박해 가운데서도 거침없이 전파되고 있음을 잘 보여 줍니다.

묵상 노트

6일차

사도행전 14-15장

오디오 바이블

가로막을 수 없는 하나님의 계획

바울과 바나바가 1차 선교 여행 중에 루스드라에서 이적을 행하자, 사람들이 그들을 신으로 여겨서 경배하려고 합니다. 하지만 두 사람은 이를 만류하고 오직 복음을 전합니다. 이고니온에서는 돌에 맞을 뻔한 위협과 여러 고난을 겪지만 굴하지 않습니다. 여행을 마치고 예루살렘으로 돌아온 두 사람은 이방인 개종자의 할례 문제로 다른 유대인들과 논쟁을 벌입니다. 회의 끝에 사도들은 할례 대신에 우상숭배와 음행과 목매어 죽인 것과 피를 멀리하는 것으로 충분하다고 결정합니다. 이 결정으로 이방인 선교의 길이 본격적으로 열립니다. 이 사건은 복음이 유대인과 이방인의 경계를 넘어 모든 민족에게로 확장되는 중요한 전환점이 되었으며, 하나님의 구원 역사가 거침없이 이어지고 있음을 보여 줍니다.

묵상 노트

소그룹

나눔

이번 한 주간 성경을 통독하면서, 기억에 남는 말씀을 나누어 봅시다.

적용

1. 땅끝까지 복음을 전하라는 예수님의 명령을 감당하기 위해서는 제자들에게 성령의 권능이 반드시 필요했습니다. 이처럼 사명을 따라 살기 위해 내게 필요한 성령의 능력과 도우심은 무엇인가요?

2. 유대인들의 편견과 장벽에도 불구하고 예수님의 복음은 이방인에게까지 구원의 길을 냅니다. 그 덕분에 우리도 하나님 백성이 되었습니다. 이 복음의 진리는 내가 다른 사람들에게 가지고 있는 편견과 장벽을 어떻게 허물도록 도전하나요?

3. 사도행전은 원수의 공격이 오히려 복음이 널리 퍼져 나가는 계기가 되었음을 보여 줍니다. 모든 일이 하나님의 주권 아래 있음을 기억할 때, 오늘 내가(또는 우리 공동체가) 직면한 어려움과 고난을 보는 시선은 어떻게 달라질까요?

기도

서로의 기도 제목을 나누며 함께 기도합니다.

ACTS 2

사도행전 2

QR 코드를 찍으면 '사도행전 2' 리딩지저스 영상으로 바로 연결됩니다

사도행전 2

사도행전 전반부에서는 베드로를 중심으로 복음이 예루살렘과 유대와 사마리아로 퍼져 나갔고, 고넬료 가정에 성령이 임함으로써 이방 선교의 문이 공식적으로 열렸습니다. 이제 후반부에서는 바울의 여정을 통해 복음이 "땅끝까지" 확장되어 갑니다.

바울은 교회를 박해했으나 부활하신 예수님을 만나 회심하고, 성령의 인도를 받으며 동역자들과 온 힘을 다해 복음을 전합니다. 마게도냐, 아덴, 고린도, 에베소, 로마에 이르기까지 그의 발걸음은 멈추지 않습니다. 그를 통해 복음은 유대인을 넘어 이방인에게까지 전파되고, 민족과 문화를 초월한 하나님 나라가 세워집니다.

성령께서 주도하시는 복음 전파는 바울이 감옥에 갇히고, 폭풍을 만나고, 온갖 핍박이 그를 덮쳐도 멈추지 않습니다. 예수님의 복음은 그때나 지금이나 상황에 매이지 않고 온 세상에 동일한 능력으로 전해지고 있습니다.

이번 주는 사도행전 16-28장을 함께 읽습니다. 갖은 고난과 역경에도 굴하지 않고 하나님 나라 확장을 위해 전진하는 바울의 이야기를 살펴봅니다. 바울의 사역을 통해 거룩한 소명이 무엇인지, 복음을 향한 참된 열정이란 어떤 모습인지 생각해 보는 한 주가 되기를 바랍니다.

이번 주 성경읽기

1일차 사도행전 16-18장

2일차 사도행전 19-20장

3일차 사도행전 21-22장

4일차 사도행전 23-24장

5일차 사도행전 25-26장

6일차 사도행전 27-28장

1일차

사도행전 16-18장

오디오 바이블

하나님의 인도하심으로 세워지는 교회

바울의 2차 선교 여행이 시작되면서, 복음은 아시아를 넘어 유럽으로 퍼져 나가는 중요한 전환점을 맞습니다. 바울과 실라는 빌립보에서 루디아와 간수의 가족을 전도하고, 데살로니가와 베뢰아에서는 성경을 강론하며 복음을 전합니다. 특히 베뢰아 사람들은 말씀을 간절히 받아들이고 성경을 상고하며 진리를 확인하는 모습을 보입니다. 바울은 아덴(아테네)에서 헬라 철학자들과 논쟁하며, 그들이 "알지 못하는 신"이라고 부르는 대상에 부활하신 예수님을 빗대어 말하는 방식으로 복음을 담대히 선포합니다. 이처럼 복음은 어떤 문화적 배경 속에서도 주님의 능력으로 퍼져 나가고 교회를 탄생시킵니다. 결국 이 모든 여정은 하나님의 주권적인 인도하심 아래 이루어졌습니다.

묵상 노트

2일차

사도행전 19-20장

오디오 바이블

말씀의 능력으로 우상을 무너뜨리다

바울은 약 2년간 에베소에 머무르며 하나님 말씀을 가르치고 놀라운 기적을 행합니다. 그 결과 수많은 사람이 회심하여 마술 책을 불태우는 등 우상숭배가 무너지는 변화가 일어납니다. 그러자 아데미 여신 숭배에 의존하던 에베소가 경제적으로 큰 타격을 받고, 결국 폭동이 일어납니다. 그럼에도 불구하고 하나님 말씀은 오히려 더욱 힘 있게 퍼져 나가며 세력을 얻습니다. 20장에서는 바울이 밀레도에서 에베소 장로들에게 고별 설교를 합니다. 바울은 거짓 교사들의 위협에서 교회를 지켜야 한다고 강조하며, 하나님과 그분의 은혜의 말씀에 그들을 맡깁니다. 이처럼 19-20장은 세상의 압력과 혼란 속에서도 교회가 하나님의 능력으로 성장하고 더욱 견고해지는 모습을 보여 줍니다.

묵상 노트

3일차

사도행전 21-22장

오디오 바이블

위기 중에 복음을 전하다

바울은 성령의 경고에도 불구하고 예루살렘으로 향합니다. 그곳에서 그는 유대인들에게 체포되고 성전을 더럽혔다는 거짓 비난을 받습니다. 군중에게 맞아 죽을 위기에 처했을 때, 바울은 천부장의 허락을 받아 히브리 말로 자신을 변호하며 복음을 설명합니다. 그는 과거 자신이 그리스도인들을 핍박했던 일과 다메섹으로 가는 길에서 부활하신 예수님을 만나 극적으로 회심한 경험을 증언합니다. 특히 하나님이 자신을 이방인에게 보내셨다고 밝히자, 군중의 분노가 극에 달합니다. 이처럼 바울은 위기의 순간조차 복음을 전하는 기회로 삼았으며, 그의 간증은 예수 그리스도의 주되심을 강력하게 선포하는 도구가 됩니다.

묵상 노트

4일차

사도행전 23-24장

오디오 바이블

재판정에서도 담대하게 울려 퍼지는 복음

바울은 산헤드린 공회 앞에서 심문을 받는 중에 자신이 "죽은 자의 부활"을 믿는 소망 때문에 재판받고 있다고 말하여 바리새인과 사두개인 사이에 분열을 일으킵니다. 이후 그를 죽이려는 암살 음모가 발각되자, 바울은 가이사랴로 이송됩니다. 벨릭스 총독 앞에 선 바울은 거짓 고발에 맞서 자신의 무죄를 변호하면서, 율법과 선지자의 글에 기록된 모든 것을 믿고 의인과 악인의 부활을 소망한다고 증언합니다. 벨릭스는 바울의 말을 흥미롭게 여기지만 뇌물을 기대하며 바울을 약 2년간 구금합니다. 23-24장은 바울이 사법적 위기 속에서도 그리스도의 부활과 구약성경의 성취를 굳건히 증언했음을 보여 줍니다.

묵상 노트

5일차

사도행전 25-26장

오디오 바이블

세상 권력 앞에서 전해지는 복음

벨릭스에 이어 베스도가 총독으로 부임하지만, 유대인들은 계속해서 바울을 고발했습니다. 바울은 예루살렘에서 재판받기를 거부하고, 황제 가이사에게 상소하여 사건을 로마로 가져가 달라고 합니다. 이후 바울은 아그립바 왕과 버니게 앞에서 자신을 변론하며, 다메섹으로 가는 길에서 부활하신 예수님을 만난 경험을 자세히 증언합니다. 바울은 자신이 유대인과 이방인 모두에게 빛을 전하도록 부름받았으며, 모세와 선지자들의 예언이 그리스도의 고난과 부활로 성취되었다고 선포합니다. 아그립바는 바울에게 죄가 없다고 인정하지만, 이미 상소가 이루어진 터라 바울은 결국 로마로 가게 됩니다. 이로써 복음이 로마제국의 중심까지 전해지는 길이 열립니다.

묵상 노트

6일차

사도행전 27-28장

오디오 바이블

거침없이 전파되는 하나님 나라

바울은 죄수 신분으로 로마로 가던 중에 격렬한 폭풍을 만나 배가 난파될 위기에 처하지만, 함께하신다는 하나님의 말씀을 믿고 모두를 격려하여 결국 모든 사람이 기적적으로 생명을 보존합니다. 멜리데 섬에 상륙한 후 바울은 독사에 물리고도 무사히 살아남고 병자들도 치유하는 등 하나님의 능력을 계속해서 드러냅니다. 로마에 도착한 바울은 가택 연금 상태에서도 자신을 찾아오는 사람들에게 담대하게 하나님 나라의 복음을 전합니다. 사도행전은 바울이 "거침없이" 복음을 전하는 장면으로 끝을 맺으며, 복음은 어떤 상황에서도 하나님의 주권 아래 끊임없이 확장한다는 진리를 선명하게 보여 줍니다.

묵상 노트

소그룹

나눔

이번 한 주간 성경을 통독하면서, 기억에 남는 말씀을 나누어 봅시다.

적용

1. 바울은 복음을 전하는 과정에서 하나님의 함께하심을 깊이 경험합니다. 나도 예수님의 복음을 전할 때 하나님의 임재와 도우심을 느낀 적이 있나요? 그 경험이 내 믿음과 삶에 어떤 영향을 주었나요?

2. 하나님은 바울처럼 죽음을 각오하고 땅끝까지 복음을 전하는 사람들을 세우시고, 그들을 통해 많은 이들을 구원하기를 원하십니다. 내가 복음을 듣고 믿음에 이르기까지 수고하고 헌신한 사람들은 누구였나요? 그들의 헌신을 돌아볼 때, 오늘 내게 복음의 가치는 어떻게 새롭게 다가오나요?

3. 성령님은 제자들이 위기에 빠질 때 오히려 그 상황을 복음을 전할 기회로 바꾸셨습니다. 지금 내 삶의 어려움과 위기도 복음을 전할 기회가 될 수 있다고 믿나요? 그렇다면, 그 위기가 복음의 통로로 쓰일 수 있도록 성령님의 능력을 간구합시다.

기도

서로의 기도 제목을 나누며 함께 기도합니다.

ROMANS

로마서

그리스도 중심 성경읽기
리딩지저스 5권 7강

로마서

모든 믿는 자에게 드러난 하나님의 의

READING
JESUS

QR 코드를 찍으면 '로마서' 리딩지저스 영상으로 바로 연결됩니다

로마서

로마서는 바울이 3차 선교 여행 중에 고린도에서 쓴 편지입니다. 그는 아직 만나지 못한 로마 교회 성도들에게 복음의 핵심 메시지를 체계적으로 설명하려고 글을 남깁니다. 당시 로마 교회는 유대인 그리스도인과 이방인 그리스도인 사이의 갈등으로 어려운 상황이었습니다. 양쪽은 모세 율법과 유대 관습(할례, 음식법, 안식일 등)을 지켜야 하는지를 두고 다투었습니다. 바울은 이 편지에서, 복음은 모든 사람을 위한 하나님의 능력이며, 믿음을 통해서만 구원에 이를 수 있다는 진리를 강조합니다. 그리고 복음으로 말미암아 모든 사람이 예수 그리스도 안에서 하나라고 선포합니다.

로마서는 크게 다섯 부분으로 나뉩니다. 1부(1-3장)는 모든 사람이 죄인이며, 율법이나 선한 행위로는 그 누구도 하나님 앞에 설 수 없다고 밝힙니다. 2부(4장)는 오직 예수 그리스도를 믿는 믿음으로만 의롭게 된다고 아브라함의 예를 들어 설명합니다. 3부(5-8장)는 그리스도와의 연합으로 주어지는 새로운 현실, 즉 의롭다고 하심, 성화, 확신의 삶을 다룹니다. 4부(9-11장)는 유대인과 이방인 모두를 향한 하나님의 주권적 구원 계획을 설명하며, 이스라엘의 역할과 구원의 신비를 조명합니다. 5부(12-16장)는 복음에 합당한 삶의 모습으로 예배와 공동체 생활, 세상에서 살아가는 태도에 대해 구체적으로 권면합니다.

이번 주는 로마서 전체를 함께 읽으면서, 우리를 구원하시는 하나님의 은혜와 우리를 하나 되게 하는 예수님의 복음을 묵상하는 한 주가 되기를 바랍니다.

이번 주 성경읽기

1일차 로마서 1-3장

2일차 로마서 4-6장

3일차 로마서 7-8장

4일차 로마서 9-11장

5일차 로마서 12-14장

6일차 로마서 15-16장

1일차

로마서 1-3장

오디오 바이블

믿음으로 의롭게 되는 복음

로마서는 바울이 유대인과 이방인 성도 간의 갈등을 해결하고 복음의 본질을 전하기 위해 쓴 서신입니다. 바울은 복음이 "모든 믿는 자에게 구원을 주시는 하나님의 능력"이라고 선포하며, 유대인과 이방인 모두에게 차별 없이 적용된다는 점을 강조합니다. 바울은 모든 사람이 죄인이기 때문에 하나님의 진노 아래 있음을 밝히고, 또 인간이 하나님을 알면서도 진리를 거부하며 오히려 피조물을 섬긴다고 고발합니다. 그로 인해 인간이 스스로 구원에 이를 수 없는 상태라는 것 또한 보여 줍니다. 그러나 하나님은 이 절망적인 인류에게 율법을 통한 의가 아니라, 예수 그리스도를 믿는 믿음을 통해 주어지는 의를 선물로 주셨습니다. 이 의는 믿는 모든 사람에게 차별 없이 주어지는 하나님의 은혜입니다.

묵상 노트

2일차

로마서 4-6장

오디오 바이블

믿음으로 얻는 생명, 그리스도와의 연합

바울은 구원이 행위가 아니라 오직 믿음으로 이루어진다는 사실을 아브라함의 예를 들어 설명합니다. 하나님이 아브라함을 의롭다고 하신 것은 그의 행위가 아니라 하나님의 약속을 믿었기 때문입니다. 이는 모든 믿는 자가 동일하게 믿음으로 의를 얻는다는 진리를 보여 줍니다. 예수님은 우리의 죄를 대속하기 위해 죽으셨고, 또 우리를 의롭게 하시기 위해 부활하셨습니다. 아담이 죄와 사망을 가져온 인류의 대표라면, 예수님은 의와 생명을 가져오신 새 인류의 대표이십니다. 그리스도와 연합한 사람은 죄와 사망 권세에서 벗어나 새 생명 가운데 살게 되며, 세례는 이를 상징하는 표지입니다.

묵상 노트

3일차

로마서 7-8장

오디오 바이블

정죄함 없는 생명, 성령 안에서의 자유

바울은 율법이 죄를 드러내며, 인간은 그 율법을 온전히 지킬 수 없다고 말합니다. 그러나 예수 그리스도 안에 있는 생명의 성령의 법이 우리를 죄와 사망의 법에서 자유롭게 합니다. 내주하시는 성령은 우리의 연약함을 도우시고 우리를 위해 간구하시며 그리스도와 연합한 자들에게는 결코 정죄함이 없다는 확신을 주십니다. 또한 바울은 하나님이 우리를 택하셨으므로 그 무엇도 우리를 하나님의 사랑에서 끊을 수 없다고 선언합니다. 7-8장은 죄와 싸우는 그리스도인들이 성령 안에서 누리는 승리와, 그 와중에도 결코 변하지 않는 하나님의 사랑을 강조합니다.

묵상 노트

4일차

로마서 9-11장

오디오 바이블

긍휼로 이루어 가시는 하나님의 구원 계획

바울은 이스라엘 민족의 구원 문제를 깊이 다루며, 그들이 구원에서 멀어진 것은 하나님의 불의 때문이 아니라 이스라엘의 죄악 때문이라고 밝힙니다. 그러나 하나님이 이스라엘에게 주신 약속은 결코 폐기되지 않았다고 선언합니다. 바울은 구원이 전적으로 자기 백성을 긍휼히 여기시는 하나님의 주권에 달려 있다고 강조합니다. 하나님은 이스라엘과 이방인 모두를 구원하시는 측량할 수 없는 지혜를 지니신 분입니다. 인간의 지식으로는 다 헤아릴 수 없는 그 구원의 신비 앞에서 바울은 감탄하며 찬양을 올립니다. 그리고 "만물이 주에게서 나오고 주로 말미암고 주에게로 돌아간다"라는 고백으로 마무리합니다.

묵상 노트

5일차

로마서 12-14장

오디오 바이블

복음을 드러내는 삶

바울은 복음의 원리를 설명한 뒤, 그리스도와 연합하여 새 사람이 된 이들이 어떻게 살아야 하는지를 가르칩니다. 첫째, 자신의 전인격을 하나님이 기뻐하시는 거룩한 산 제물로 드려야 합니다. 둘째, 이 세대를 본받지 않고 마음을 새롭게 함으로써 변화를 받아, 하나님의 선하시고 기뻐하시는 뜻을 분별하고 행동으로 옮겨야 합니다. 또한 그리스도인은 서로를 사랑하고, 믿음이 연약한 자들을 배려하며, 덕을 세우며 살아야 합니다. 바울은 박해하는 자를 축복하고, 세상 권세에 복종하며, 사랑의 빚 외에는 아무 빚도 지지 말라고 권면합니다. 이처럼 바울은 복음을 받아들인 사람들의 삶 자체가 곧 영적 예배임을 강조합니다.

묵상 노트

6일차

로마서 15-16장

오디오 바이블

연합하여 세워 가는 복음 공동체

바울은 각 사람이 이웃을 기쁘게 하되 선을 이루고 덕을 세우라고 권면합니다. 그리고 그리스도께서 우리를 받아 주신 것처럼, 우리도 서로를 받아들여 하나님께 영광을 돌려야 한다고 강조합니다. 바울은 로마 교회를 방문해 성도들을 격려한 뒤, 스페인으로 선교 여행을 떠나려는 자신의 계획을 나눕니다. 마지막으로 바울은 복음을 위해 헌신한 수많은 동역자에게 문안 인사를 전하며, 하나님의 일을 함께하는 사람들의 귀중함을 일깨워 줍니다. 이처럼 로마서는 죄인을 구원하시는 하나님의 능력과, 그 은혜로 살아가는 성도들의 거룩한 삶, 그리고 공동체의 연합이 얼마나 중요한지를 강조하며 마무리됩니다.

묵상 노트

소그룹

나눔

이번 한 주간 성경을 통독하면서, 기억에 남는 말씀을 나누어 봅시다.

적용

1. 로마서는 모든 사람이 죄로 인해 의롭지 못하므로, 누구도 다른 사람을 판단할 자격이 없다고 말합니다. 그런데 혹시 나는 신앙 지식, 교회 경험, 은사 등을 근거로 다른 성도를 평가하거나, 스스로 그들보다 영적으로 '위'에 있다고 느낀 적이 없는지 되돌아 봅시다.

2. 우리는 율법을 완벽하게 지킬 수 없으므로 순종만으로는 의롭다 함을 얻을 수 없습니다. 그러나 하나님은 예수 그리스도를 믿는 믿음을 통해 우리에게 새로운 의를 선물로 주셨습니다. '행위가 아닌 믿음으로 얻는 의'가 나의 신앙 생활과 하나님과의 관계에 어떤 자유와 위로를 주나요?

3. 그리스도의 은혜를 깊이 깨달을수록 우리는 서로를 사랑하고 연합하게 됩니다. 그 연합은 개인의 자유와 권리를 내려놓고 서로를 배려하거나, 다른 성도의 사역과 복음 전파를 기꺼이 돕는 모습으로 나타납니다. 앞으로 내가 속한 공동체에서 이런 연합을 어떻게 더 구체적으로 실천할 수 있을까요?

기도

서로의 기도 제목을 나누며 함께 기도합니다.

"또 이르시되
내가 너희와 함께 있을 때에 너희에게 말한 바
곧 모세의 율법과 선지자의 글과 시편에
나를 가리켜 기록된 모든 것이
이루어져야 하리라 한 말이 이것이라 하시고
이에 그들의 마음을 열어 성경을 깨닫게 하시고"

누가복음 24장 44-45절

WESTMINSTER
THEOLOGICAL SEMINARY
EST 1929

Korean Master of Arts in Theological Studies

한국어 신학연구 석사과정

소개

웨스트민스터 신학교의 한국어 신학연구 석사과정(KMATS)은
성경의 진리를 삶과 일터, 사역의 현장 등 삶의 모든 영역에 적용할 수 있도록
돕는 목회자, 선교사, 평신도 모두를 위한 프로그램입니다.

특징

1. 세계적 명성의 웨스트민스터 교수진
2. 원하는 시간과 장소에서 학습 가능
3. 100% 온라인 전 세계 어디서나 강의 수강
4. 아이비리그 대학에서 사용하는 플랫폼

교육과정

- **12** 과목 이수
- **10** 1학기 10주
- **4** 1년 4학기
- **1.5** 1.5 - 3년 소요

졸업 요건 : 12과목 이수 + 졸업 총괄평가

졸업 총괄평가는 졸업 시험, 소논문, 현장 적용 연구 중 하나를 선택하여 수행할 수 있습니다.

교수진

피터 릴백

이안 더귀드

번 포이트레스

데이비드 가너

윌리엄 에드가

브랜든 크로우

조나단 깁슨

싱클레어 퍼거슨

리처드 개핀

과목

필수 과목

구약성경과 그리스도 이안 더귀드, 조나단 깁슨, 번 포이트레스

신약성경과 그리스도 브랜든 크로우, 리처드 개핀, 번 포이트레스 (초청 강사: 데이비드 브리오네스)

성경 해석 원리 번 포이트레스

조직신학 개론 데이비드 가너

교회사 개론 피터 릴백

변증학 개론 윌리엄 에드가 (초청 강사: 다니엘 맥브라이드, 밥 크래머)

신론: 하나님을 아는 지식 싱클레어 퍼거슨

구원론: 그리스도와의 연합 싱클레어 퍼거슨

구약성경 적용 이안 더귀드

신약성경 적용 브랜든 크로우

선택 과목 (3과목 중 택2)

기독교와 문화 윌리엄 에드가 (초청 강사: 팀 켈러)

과학과 신앙 번 포이트레스

예배를 위한 성경신학 이안 더귀드

문의

www.wts.edu/kmats

kmats@wts.edu

+1 215-572-3852 (미국) 02-2289-9081 (한국)

카카오톡에서 "KMATS"을 검색하여 문의

프로그램 페이지

WESTMINSTER
THEOLOGICAL SEMINARY
EST. 1929

Korean Theological Studies Certificates

한국어 신학연구 수료과정

소개

한국어 신학연구 수료과정은 전체 학위 과정을 이수하지 않고
웨스트민스터 신학교 교육과정의 핵심이 되는 네 과목만을 선택하여
신학적 기초와 적용의 토대를 다질 수 있는 프로그램입니다.

대상

- ☐ 성경에 기반한 개혁신학을 공부하고 싶은 **교회 중직자** 또는 **평신도**
- ☐ 주일학교 사역자가 없는 교회에서 사역자에 준하는 역할을 감당하고 있는 **평신도 직분자**
- ☐ 성경과 신앙을 기초로 교육하는 기독교 학교 및 대안학교 **교사**
- ☐ 기독교 세계관을 일터에 적용하고자 하는 **전문직 종사자** 또는 **크리스천 사업가**
- ☐ 해외 선교지 현장에서 신학 훈련이 필요한 **평신도 선교사**
- ☐ 신학적 토대를 다지고 싶은 목회자 **사모**

교육과정

4	100	10	1
과목 이수	100% 온라인	1과목 10주	6개월 - 1년 소요

트랙 1 Foundations of Theology Certificate (FTC)

웨스트민스터 신학입문 수료과정

웨스트민스터 신학교의 교육 이념과 신학적 핵심을 배우는 개론 과목으로 구성되어 있는 프로그램입니다. 성경의 통일된 메시지를 이해하고 복음과 신앙, 일, 문화 등을 성경적 세계관으로 바라볼 수 있도록 합니다.

과목

1	2	3	4
구약성경과 그리스도	신약성경과 그리스도	변증학 개론	조직신학 개론

트랙 2 Christ-centered Biblical Interpretation (CBI)

그리스도 중심 성경해석 수료과정

성경의 중심 메시지가 예수 그리스도라는 확신 가운데 성경을 그리스도 중심으로 읽고 가르치며, 삶과 사역의 다양한 영역에 적용하고자 하는 분들을 위한 프로그램입니다. 이 과정을 통해 성경의 진리를 깊이 있게 연결하는 원리를 배우게 될 것입니다.

과목

1	2	3	4
구약성경과 그리스도	신약성경과 그리스도	성경해석의 원리	구약성경 적용 신약성경 적용 2과목 중 택1

학생 후기

"수업에 일 년 정도 참여한 사람으로서 가장 좋았던 점은 매 학기 교수님들의 강의가 모두 한 방향을 갖고 있다는 점입니다. 그 방향은 성경 안에서 그리스도를 바라봐야 한다는 것입니다. 개혁주의 신앙 체계 안에서 바른 신학을 가르쳐 주셔서 감사합니다." (조직신학개론 수강 학생)

프로그램 페이지

리딩지저스

1권
창세기-여호수아

2권
사사기-에스더

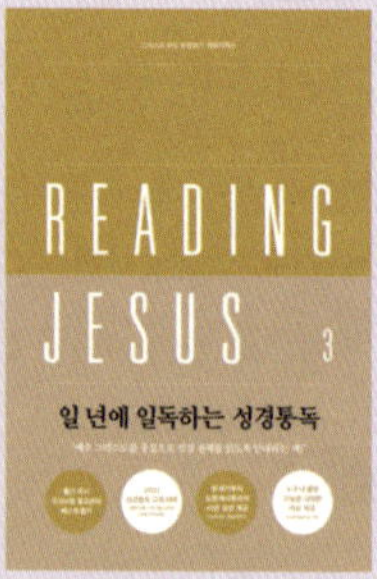

3권
욥기-아가

4권
이사야-말라기

5권
마태복음-로마서

6권
고린도전서-요한계시록

리딩지저스 성경통독 라이트

1권
창세기-여호수아

2권
사사기-에스더

3권
욥기-아가

4권
이사야-말라기

5권
마태복음-로마서

6권
고린도전서-요한계시록